VIBRACION FINANCIERA

VIBRACION FINANCIERA

INDICE

Comenzamos...

Frecuencia de riqueza

¿Qué es la abundancia financiera?

La Frecuencia de la Riqueza y los Beneficios

Atrayendo Patrones Compatibles

Entienda su zumbido vibratorio

Qué es el Equilibrio Vibracional

Cambiando Su Vibración

Creando lo que usted quiere

Aprende la diferencia entre el deseo y el desapego

Los Beneficios de Planificar para la Abundancia Financiera

VIBRACION FINANCIERA

Comenzamos...

Este libro está destinado a ayudarte a alcanzar la prosperidad financiera aprovechando tus recursos internos que tal vez no sepas que tienes, aprenderás que cambiando tus vibraciones y frecuencias emocionales de lo negativo a lo positivo, podrás mantenerte enfocado e influenciar a otros para que el éxito sea más fácil y con menos esfuerzo.

Frecuencia de riqueza

¿Crees que existen cosas como las vibraciones o las frecuencias de la riqueza? Hoy en día, ser próspero o en general lograr lo que uno quiere en la vida parece implicar no sólo tener los recursos, la determinación y las habilidades adecuadas. Poseer las ondas cerebrales derechas también es importante; quizás incluso el más importante de todos.

¿Qué es la Frecuencia de Riqueza?

Los estudios sugieren que la meditación reduce las ondas cerebrales a una frecuencia más baja que es la mejor para relajarse y enfocarse. Esto se conoce como alfa bajo. También puedes bajar tus ondas cerebrales para alcanzar la frecuencia Theta, que es la mejor para manifestar o soñar lúcidamente. Sin embargo, para sintonizar con la frecuencia de la riqueza, los expertos recomiendan elevar las ondas cerebrales.

Frecuencias Emocionales

En su libro, Poder vs. Fuerza, David midió las frecuencias de las emociones humanas de 20 a 1,000. Hawkins sugiere que en las frecuencias más bajas, las personas son sólidas o pesadas mientras que son livianas y brillantes en las frecuencias más altas donde obtenemos los sentimientos de paz, amor, aceptación y otros sentimientos positivos que nos permiten entender mejor y ver más claramente.

Hawkins propone que cuando se está en

frecuencias más bajas, por ejemplo 20 (vergüenza), 30 (culpabilidad), 75 (pena), 100 (miedo) y 175 (dolor), (orgullo), eres más propenso a enfermedades y problemas porque estas emociones se están agotando y es probable que extiendas más culpa, más miedo, etc...., emociones que te arrastran a ti y a otros con los que entras en contacto.

Cuando estás en los niveles de frecuencia más altos, eres capaz de influenciar a otros de manera más positiva. Para apoyar este concepto, el Global

El Proyecto de Conciencia de Princeton detectó una conciencia negativa justo antes del ataque a las torres gemelas el 21 de septiembre de 2001. Por otro lado, detectó un blip positivo antes de la toma de posesión del presidente Barack Obama, demostrando que los individuos se ven afectados por las frecuencias del todo y que la tierra se ve afectada por las energías combinadas de los individuos.

Cambiando los patrones de pensamiento

Elevar las ondas cerebrales no necesariamente eleva tu frecuencia pero cambia tus patrones de pensamiento y tu necesitas hacer esto si quieres disminuir exitosamente los efectos de tu ego en tu toma de decisiones y en tu trato con los demás.

¿Cómo puedes entonces encontrar tu frecuencia para la riqueza? Bueno, obviamente el primer paso es ajustar tus patrones de pensamiento a uno que te permita pensar más objetiva y claramente. La segunda es que tratas de levantarte de las frecuencias emocionales que te retienen.

Aceptación, paz, amor, buena voluntad, coraje; todas estas emociones son positivas y pertenecen a las frecuencias más elevadas que les permiten influenciar a otros más positivamente.

De acuerdo con un estudio relacionado, un individuo que opera a 300 es capaz de contrarrestar a 90.000 personas que operan por debajo de los 200 niveles, mientras que un individuo que opera a 600 (la paz) es capaz de contrarrestar a 10.000.000 de personas que operan por debajo de 200.

La capacidad de influir en los demás es la clave para encontrar la frecuencia de su riqueza. Esto no significa que no experimentarás ningún fracaso, pero como estás despejado de mente, enfocado y en contacto con un nivel más alto de conciencia, la riqueza es mucho más fácil de lograr que cuando estás operando en los niveles de frecuencia de drenaje de energía.

¿Qué es la abundancia financiera?

La vida con la que siempre has soñado se puede lograr a través de una mentalidad y acciones adecuadas. Si quieres estar libre de cualquier preocupación financiera, entonces logra una abundancia financiera. Lo que es y lo que puede hacer a tu vida es increíble. Por lo tanto, aquí están las cosas que debes saber acerca de la abundancia financiera.

Abundancia Financiera es estar en una situación en la que hay suficiente apoyo financiero para mantener tu vida y añadir unos cuantos más para tu comodidad.

Está lejos de las cargas y preocupaciones

financieras y hay una sensación de tener suficiente abundancia donde el estrés y la presión no se interponen en el camino. Para alcanzar la abundancia financiera, puedes seguir estos factores esenciales:

¿Qué es la abundancia financiera?

1. Aprende a Fortalecer tu Mente

Aprende a practicar una mentalidad llena de abundancia. Con esto, aprende que el dinero es sólo una cosa material y no debe ser la fuente de satisfacción. Por supuesto, ¿quién no necesita dinero? Esta abundante mentalidad es diferente de tal manera que debe ser practicada para equilibrar tu vida. No permitas que la avaricia te supere. En su lugar, disfruta de tu dinero ahorrando un poco y regalándolo para ayudar. Con eso, tu motivo se vuelve tan positivo y esto eventualmente se alineará con tus metas. Esto es lo que se llama obtener vibraciones positivas.

2. Obtenga conocimiento

Esto no se limita al nivel académico. De hecho, muchas personas ricas tienen menos conocimientos que las pobres. Este conocimiento significa adaptar lo que has aprendido (de la escuela o de la experiencia personal) y obtener formas de aprovecharlo. Este conocimiento se traducirá en tu habilidad, donde tu habilidad puede darte abundancia financiera. Vivir una vida que te apasiona cuenta para una vida de abundancia. Con esto, puedes ganar dinero eventualmente.

3. El arte de la generosidad

Cuando quieras algo en tu vida, ayuda a otras personas a alcanzar sus sueños también. Ha habido muchos refranes sobre la generosidad y uno que es cierto es que recibimos de vuelta lo que damos. Esto no significa que la generosidad implique donar dinero. Sí, se puede hacer, pero todo no cuenta sólo en dinero, ¿verdad? Así que para que tú puedas lograr una vida cómoda y llena de abundancia, crea un ambiente positivo para obtener lo que quieres. Ahora bien, esto reivindica el viejo dicho: es mejor dar que recibir.

4. La forma de invertir

No guardes demasiado de tu dinero. De hecho, salvarlo no significa necesariamente que estés creando una vida abundante. Sí, ahorrar para cubrir emergencias y gastos inesperados es importante, pero no debe ser una forma de aliviar tu carga financiera. Lo que tienes que hacer es invertir. Invierte en algo que te dará una ganancia significativa en un período de tiempo específico. Con eso, hay una gran posibilidad de que puedas ganar más ingresos aparte de tu trabajo.

La Frecuencia de la Riqueza y los Beneficios

La Ley de la Vibración

La ley de la vibración establece que todo lo que existe en el universo no es más que una energía que vibra a diferentes frecuencias. Ya sea la materia física o lo invisible (espíritu, chi, etc.), todo vibra hasta un cierto pulso.

Siguiendo ese paradigma, todo lo que existe está en el continuo de energías y frecuencias. Una parte es la frecuencia de la riqueza.

Al ser capaz de tocar y resonar con ese tono, puedes crear más de esa condición en tu vida.

David Hawkins: Calibración David Hawkins vino con la calibración de las energías y emociones humanas comenzando en 20-1000 frecuencias. Las frecuencias más bajas son densas, estados como la culpa (30), el odio, la tristeza, el amor y la paz están en el rango de 500 a 600.

El primer estado positivo de emoción se calibra a partir de 200 (valor) y más. Para alcanzar las situaciones y los componentes diminutos que consisten en la idea de "riqueza", hay que hacer resonar estas piezas individuales a partir de los 200 años.

La calibración no es importante; esto no es más que una guía, un número que podemos usar para calibrar hacia arriba o hacia abajo el espectro de las emociones o estados humanos para lograr los efectos que deseamos.

Ley de Resonancia y Atracción

La ley de la resonancia y la atracción son ideas similares pero no idénticas. Debido a que existen diferentes tipos de conceptos e ideas de riqueza, la riqueza que resuena genéricamente atraerá aquellas situaciones que causan abundancia financiera.

La ley de la resonancia crea la distinción de si atraerás más de una cosa sobre otra. Un ejemplo es la ley de la resonancia que diferencia si se puede manifestar la silla o una mesa, aunque ambas están en la categoría universal llamada mueble.

Radiodifusión en Frecuencia con Riqueza Deliberada

Al entrenar tu mente para vivir en esta frecuencia y cargarla con intensidad y resonancia, enseñando lo mismo a todos en tu entorno, es decir, empleados, socios de negocios, e incluso cargando el espacio físico en el que te encuentras, tu estás aumentando la probabilidad de atraer condiciones favorables a la riqueza.

Inicialmente, puede tomar mucho esfuerzo consciente para entrar en ese espacio de cabeza porque no es así como usualmente pensamos, sentimos y vemos el mundo. Con el paso del tiempo, te sentirás más orgánico y llegará el momento en que se convierta en tu frecuencia o estado base.

El toque Midas

Una vez que te vuelves naturalmente resonante a esta frecuencia, el fenómeno del "toque Midas" comienza a manifestarse en tu vida. Todo lo que tocas parece funcionar sin esfuerzo y naturalmente por sí solo, sin hacer nada conscientemente.

Esa es una explicación de por qué el éxito engendra éxito. Crea el ímpetu del éxito donde un éxito, abre las puertas para futuros éxitos y así sucesivamente.

La metáfora del sistema inmunológico

Cualquiera que haya alcanzado los más altos niveles de éxito se ha entrenado naturalmente para pensar y operar en estas frecuencias. Las cosas que no suceden como fueron planeadas son antinaturales y se eliminan, como el sistema inmunológico que mata a los invasores.

Las enfermedades son las negatividades, y las frecuencias positivas (para la riqueza) son los súper soldados de anticuerpos del sistema inmunológico que se defienden automática y naturalmente.

Atrayendo Patrones Compatibles

Todo en el universo es sólo energía, y si miran lo suficientemente profundo, verán que todo es sólo vibraciones y que estos patrones vibratorios son los que convierten al gas en gases y líquidos y a los sólidos en lo que son. Esto incluye intangibles como el espíritu y el alma. Puede ser útil ver los estados de la materia comenzando por el éter, el espíritu/alma, los gases, los líquidos y finalmente los sólidos.

Esto no quiere decir que puedas mover físicamente objetos pesados sólo con tu mente, aunque algunos afirman ser capaces de hacerlo a través de la telequinesia.

Eso está más allá del alcance de este libro.

El objetivo de la manifestación a través de la atracción de patrones de energía compatibles es crear un camino de menor resistencia por el cual una manifestación es posible y es un camino mejor que el contrario de lo que queremos.

Una explicación de la suerte y la mala suerte

"Si creas dentro de ti y sin las condiciones en las que un evento es más fácil de engendrar, algo que consideraríamos como "suerte", dicha suerte tendría que ser más fácil de manifestar sobre un entorno lleno de negatividad y fuerzas que dicen lo contrario, condiciones que comprenden "mala suerte".

Debido a la reciente popularidad de "El Secreto", muchos han malinterpretado la idea de ser sólo ilusiones y no tomar medidas. La acción es también energía. Es un componente de la fuerza, una fuerza física que hace uso de la energía intangible y las vibraciones creadas para hacer que las cosas sucedan en el mundo real.

Aspectos prácticos del uso de la energía en el mundo real

Sólo existe la atracción de situaciones, personas y eventos ideales. La potencia de dichos efectos generados a través de este canal existe en los reinos más sutiles e intangibles, a diferencia de las acciones físicas que son más fuertes. No es realista mover físicamente un objeto que pesa una tonelada por estos medios. Para ello se necesita energía mecánica, herramientas y dispositivos como una grúa.

¿Y cómo se manifiesta una grúa?

Puedes llamar a la empresa que arrienda grandes maquinarias industriales. Puedes establecer contactos y hacer amigos dentro de la industria de la maquinaria pesada. Puedes visualizar intensamente, actuar como si ya tuvieras la grúa. No se trata simplemente de utilizar uno sobre otro, sino de aplicar tantos métodos de trabajo como sea posible para alcanzar ese objetivo.

Por tu cuenta, dudo que puedas manifestar una grúa sólo con tu mente, y mucho menos con un objeto que pese una tonelada para levitar a otro lugar. Simplemente no es realista y se basa en la fantasía!

Creación de Patrones Compatibles para la Riqueza y Abundancia

El ejemplo anterior habla de un objetivo muy específico que puede ser resuelto a través de medios mecánicos, es decir, una grúa. Sin embargo, para diseñar una condición de vida general con muchas variables posibles, vías de acercamiento y resultados, no podemos simplemente reducir un problema a una sola cosa como la grúa. Y aquí es donde el golpear la ley de la atracción, lo que atrae a lo que atrae a lo que puede ser útil.

Al crear las vibraciones y energías correctas dentro de nosotros mismos y de nuestras empresas, somos capaces de atraer coincidencias, personas y recursos que normalmente no caerían en nuestros regazos aparentemente sin buena suerte. Porque hemos creado las firmas de energía adecuadas para hacer que estas variables no sólo sean atraídas sino que residan congruentemente en nuestro espacio.

En resumen, se trata de crear las energías adecuadas para magnetizar los activos y crear un marco sostenible en el que los activos y los recursos puedan ser mantenidos orgánicamente en nuestro espacio o esfera de influencia donde estas cosas sean útiles. Aunque existen en el reino de los intangibles, y no pueden ser medidos con nuestros dispositivos científicos terrenales, no hay nada que perder al aprovechar esta reserva de poder disponible para todos nosotros!

Entienda su zumbido vibratorio

Todo crea vibraciones, sutiles y perceptibles sólo para aquellos que las buscan. Conocer y entender las vibraciones, incluyendo las propias, es muy importante para vivir una vida próspera y abundante. Hay dos tipos de vibraciones o energía: positivas y negativas. La energía positiva que ya conoces te permite influir en los demás y, por lo tanto, hacer más, y la energía negativa te arrastra hacia abajo junto con los que te rodean.

Aprendiendo a Identificar Vibraciones

Una vez que hayas aprendido a identificar vibraciones o energía como otros las llaman, asegúrate de apegarte sólo a las positivas, ya que esto te ayudará a elevar las tuyas propias. Evite las vibraciones negativas que pueden disminuir o bajar las suyas.

El primer paso que debe dar para que pueda beneficiarse de la potencia de las vibraciones que se liberan continuamente en el medio ambiente es aprender a detectarlas y clasificarlas. Hay un método probado de hacer esto. Piensa en las vibraciones que sientes cuando un tren corre sobre sus vías. Puede que no haya un tren real corriendo, pero usted conoce las vibraciones que produce.

Relájate y abre tus sentidos a lo que te rodea y podrás sentirlos. Tomará tiempo, pero eventualmente, y con paciencia, aprenderás a notarlas. Hacer meditaciones en las que se borran los ruidos ordinarios de la vida cotidiana ayuda. Con el tiempo, incluso podrás verlos manteniendo los ojos desenfocados mientras estás meditando. Tienes que adquirir la habilidad de notar las vibraciones si quieres beneficiarte de sus poderes.

Conociendo sus propias vibraciones

El siguiente paso, después de que hayas adquirido la habilidad de sentir y ver vibraciones, es desviar tu atención hacia ti mismo. Esto requerirá algún tiempo para un análisis profundo y una reflexión sobre lo que su presente es. Tú sabrás lo que son por las actitudes que tiene sobre ciertas cosas que tienen importancia general para las personas y para ti mismo.

Sólo necesitas ser honesto contigo mismo.

Es importante conocer tu zumbido vibratorio ya que tiene un efecto directo en cómo vives tu vida. Sería muy difícil para ti alcanzar tus metas en la vida si no sabes dónde estás actualmente.

Elevando sus Vibraciones

Después de identificar dónde estás con respecto a tu zumbido vibraciones, el siguiente paso que das es tratar de elevar tus vibraciones. Hay numerosas maneras de lograr esto y cuanto más se aplica, más fácil es para ti prosperar y vivir una vida abundante. Una de las formas que ha demostrado ser eficaz para elevar las vibraciones es mantener una buena salud. Comer alimentos más saludables, beber mucha agua y evitar los alimentos cargados de toxinas eleva tus vibraciones. La meditación, aprender a relajarse y desarrollar las actitudes correctas, enfocarte más en las pasiones de tu vida también ayudará mucho a mejorar tus vibraciones.

Generalmente, cuanto más felices son, más positivas son tus vibraciones.

Pueden elevar tus vibraciones a niveles aún más elevados asociándose sólo con personas con vibraciones positivas.

Qué es el Equilibrio Vibracional

Debido a que eres un ser vibratorio, envías señales que le dicen a otros quién eres. No todas las personas reciben tus señales, por supuesto, sino aquellas cuyas señales están alineadas con las tuyas. Si tú estás enviando señales felices, otros que están igualmente felices recogerán tus señales y habrá una comunicación de dos vías. Así es como se comunican los seres vibratorios en un mundo vibratorio. Se llama atraer patrones compatibles. Esto promueve la armonía.

Atrayendo Patrones Compatibles

Si te reconoces a ti mismo como un ser

vibratorio, quieres atraer las señales que te beneficiarían. Antes de que puedas hacer eso, debes entender tu zumbido vibratorio. ¿Cómo? Te vuelves hacia tu interior. Esto se puede hacer simplemente tranquilizando tu mente, bloqueando los ruidos que distraen y escuchando las señales que estás liberando.

¿Te sientes feliz, triste, frustrado, deprimido o contendido? Tus vibraciones o señales reflejarán cualquier sentimiento que tengas, y recibirán las mismas vibraciones de tu entorno.

Equilibrio Vibracional

Siendo un ser vibratorio, tu mundo está gobernado por señales que ustedes liberan y reciben. Con el tiempo, alcanzarán el equilibrio vibratorio, que se caracteriza por la señal dominante que envían y reciben.

La compatibilidad proporciona estabilidad, pero ¿es el tipo de estabilidad que te gustaría? Por ejemplo, si han estado viviendo bajo tensión financiera durante años y esto ha dejado de causarles desánimo de frustración, sólo podría significar que tu equilibrio vibratorio está en sintonía con este tipo de vida.

La única manera de cambiar un equilibrio vibratorio que te impide hacer más cosas como volverte más próspero es cambiar tu vibración.

Cambiando su Equilibrio Vibracional

Lograr un cambio permanente en las

vibraciones no es fácil. Esto no se puede lograr, por ejemplo, cambiando de ropa, duchándose o haciendo ejercicio.

Cualesquiera que sean los buenos sentimientos que obtenga al hacer estas cosas pueden alterar sus vibraciones; pero sólo temporalmente.

Para cambiar tu equilibrio vibratorio, tus esfuerzos deben centrarse en cambiar las señales dominantes que liberas. Una desconexión permanente del ambiente que soporta tu equilibrio negativo debe ser tu prioridad o seguirás volviendo a tu estado anterior.

Hay dos métodos para cambiar de tu equilibrio negativo actual a otro que es más fortalecedor. La primera es cambiar tus señales de una manera que te permita repeler las señales de tu entorno.

Pueden enfocar tu mente y energías en tus metas y este nuevo enfoque que es incompatible con tu entorno actual cambiará lentamente ese entorno ya que estarán atrayendo nuevas señales. Tú estarás viendo y experimentando cosas nuevas y eventualmente tu realidad física se alineará con tus nuevas vibraciones.

Una técnica eficaz para evitar que tu entorno interfiera con tus esfuerzos por cambiar las vibraciones es la visualización gráfica de tus objetivos durante al menos 20 minutos al día. Pon emociones fuertes en ella y gradualmente notarás que las señales que captarás son las que refuerzan tus vibraciones.

Otro enfoque es alejarse física o socialmente de tu entorno actual. Puedes hacer esto moviéndote a un lugar donde las señales son diferentes o puedes dejar de ver amigos perezosos y despreocupados.

Una vez que hayas cambiado las vibraciones, tu equilibrio vibratorio cambiará.

Cambiando Su Vibración

Tu mente es más poderosa de lo que realmente puede conspirar con el universo.

Lo que decimos, pensamos y sentimos crea una vibración invisible que transmite energía.

Esta energía conspira ahora con lo que llamamos el espacio cuántico donde todo es ilimitado y a cualquiera se le pueden dar oportunidades. Es por eso que también se le considera un ser energético; no sólo por factores físicos, sino también porque puede recibir y transmitir energía. ¿Quieres tener éxito en la vida? Entonces aprende a cambiar tu vibración.

No se trata de lo que quieres Lo que piensas, sientes y sueñas en la vida puede atraer vibraciones a ella, pero eso no significa necesariamente que la obtendrás. Estas son sólo partes de él y lo que más importa es cómo estás señalando al universo para conseguir lo que quieres. Ustedes crean vibraciones a medida que continúan intercambiando energía; así que llegará el momento en que ocurran circunstancias incontrolables que causen la interrupción de la señal. Con eso, necesitas armonizar todo en tu vida con lo que quieres hacer y repeler a aquellos que se interpongan en tu camino.

Por lo tanto, si una cierta situación te hace sentir frustrado, enojado o desmotivado, refleja una señal negativa. Combatirlo estando rodeado de gente positiva y dar energía que te hará sentir bien a pesar de las circunstancias.

La necesidad de sentir tu vibración

Manténte en contacto con ti mismo a medida que practicas una forma de crear una paz interior. Para refrescar las buenas vibraciones, manten una mente tranquila y escucha a tu cuerpo. Esto puede ser en forma de oración o meditación - como quiera que lo llames está bien. Sólo necesitas eliminar cualquier pensamiento y concentrarte en estar callado y en paz.

Puedes dar un largo paseo por la playa o simplemente tomarte unas vacaciones lejos de la ciudad. Por razones prácticas, tu puedes incluso tener un buen silencio o tiempo para ti en tu propia habitación. A medida que te quedas callado, deja que tus emociones entren. Siente cualquier cosa, grítalo si puedes y sácalo todo de tu sistema. Siente las señales de tu cuerpo. Puede haber momentos en los que sientas mezclas de emociones, ya que puedes estar completamente triste y eventualmente sentir consuelo y paz. Hay momentos en los que eres tan feliz y vibrante. Siéntelos y siente tu vibración.

El cambio de vibración

Ahora que estás equipado para saber cómo reaccionan las vibraciones a tu mente, y cómo puedes sentirlas, puedes cambiar tu vibración hacia tu meta. Lo primero que puedes hacer es desconectarse del entorno que interrumpe tu señal. No tengas pensamientos negativos o incluso personas negativas. He aquí un consejo práctico: visualiza tu objetivo todos los días durante 15 minutos.

Siente tus emociones tan fuertes y

eventualmente, puedes escuchar tus vibraciones y saber cómo repeler las cosas que te bloquearán el camino. Lo siguiente que puedes hacer es cambiar tu entorno. Puedes salir con gente con metas fuertes como las tuyas, cambiar el estilo de tu casa o incluso cambiar tu forma de vestir. Todo esto debería hacerte sentir bien y crear una fuerte vibración.

Creando lo que usted quiere

En este punto de este libro, debes saber que si quieres una vida más gratificante, tienes que cambiar tu forma de pensar, y toda tu forma de pensar. Aquí hay algunos consejos más sobre cómo puedes crear lo que quieres y obtener lo que quieres:

Consejos

Consejo 1: Manten tu enfoque donde sea importante

No pienses en lo que NO tienes, porque si lo haces, nunca tendrás suficiente. Este es un consejo muy fundamental que una vez tenido en cuenta, influirá significativamente en tu vida de una manera positiva.

Cambiar tu enfoque y en lo que te enfocas cambiará radicalmente tu vida.

Si te concentras en lo que no tienes, tu mente y tu alma seguirán pensando que te falta algo. Por otro lado, cuando tu haces un hábito regular de estar agradecido por lo que **SI** tienes, serás capaz de entrenar las energías positivas a tu alrededor para darte a tí mismo lo que quieres.

Con este tipo de mentalidad, serás capaz de encontrar fácilmente soluciones a problemas comunes y no tan comunes en tu vida. Estarás más abierto a las respuestas positivas y a las oportunidades que te rodean, haciendo que ganar sea más fácil.

Consejo 2: Define la Falla Diferentemente

Una de las cosas que limita a la gente de lograr grandes cosas es su miedo al fracaso. Todos sentimos esto en un cierto momento de nuestras vidas. Tenemos miedo de fracasar y de sufrir las consecuencias del fracaso.

Sin embargo, una vez que defina el fracaso de una manera más positiva, las cosas cambiarán drásticamente para ti, incluyendo tu perspectiva del fracaso.

No creas en el fracaso. En su lugar, define el fracaso como una oportunidad para aprender, para ser mejor en lo que acabas de hacer. Sin el fracaso, nunca seríamos lo que somos, y lo que somos. Así que en lugar de ver el fracaso como algo más grande que tú y que te asusta, míralo como una escalera hacia tus metas. Enséñale a tu mente a redefinir el fracaso, desde ser una cosa negativa que arrastra, hasta una oportunidad positiva y edificante para convertirte en una persona más completa.

Consejo 3: Tu Eres el Maestro de tí Mismo

¿Quién es tu jefe? Nadie más debería ser tu jefe, sino **TÚ**. Todo depende de ti lo que quieras que le pase a tu vida. No hay nadie más responsable de ti que **TÚ**. Al reconocer y aceptar el hecho de que no hay nadie más que pueda ayudarte a construir tu futuro exitoso, te harás más maduro e inspirado para hacer mejores cosas por ti mismo.

Aprovechar el poder del universo y hacer

que cree lo que quieres para ti mismo será fácil de aquí en adelante. A medida que practiques estos consejos todos los días, estarás más atento a las cosas positivas que afectan a las personas exitosas que te rodean. Entonces podrás aprovechar este poder, y hacer que suceda para ti.

Aprende la diferencia entre el deseo y el desapego

Mucha gente, armada con las mejores intenciones y habilidades, sigue sin obtener lo que desea simplemente por sus ideas erróneas sobre estas dos cosas: el deseo y el desapego.

Lo primero que debes saber sobre los dos es que no son polos opuestos entre sí. Sin embargo, están entrelazados entre sí porque pueden hacer que las Leyes de Atracciones funcionen a tu favor o no.

La mayoría de la gente piensa que esto es un estado sinónimo de querer o necesitar algo.

Sin embargo, en lo que se refiere a las Leyes de Atracciones, el deseo es más que eso. De hecho, la mejor manera de apreciar cuán importante es el deseo en la vida de una persona es verlo como el resultado de tener preferencias personales.

¿Qué es el deseo?

Saber qué es lo que no prefieres en tu vida puede ayudarte a averiguar qué es lo que quieres en ella. Como tal, saber que no te gusta la comida agria puede llevarte a descubrir que te gustan los dulces o quizás la comida picante. Estas preferencias pueden ser vistas como deseos. En otras palabras, simplemente deseas comer comida picante en lugar de platos de sabor agrio.

El deseo también se considera a menudo

erróneamente inmoral. Algunas personas ven los deseos como "malos" porque pueden llevar a la codicia, al egoísmo, a la envidia y a muchas otras emociones negativas. Sin embargo, ahí es donde se equivocan una vez más.

Considera el ejemplo anterior. ¿Es pecaminoso, inmoral o incorrecto si tú deseas comida picante en vez de comida agria?

Además, hay muchos deseos que uno difícilmente podría describir como erróneos o, peor aún, malvados. Algunas personas simplemente desean estar saludables. Otros pueden desear estar en condiciones de ayudar a los necesitados.

Desprendimiento

Sin embargo, el deseo puede ser contraproducente y convertirse en tu perdición cuando va acompañado de sentimientos de apego... o de desapego.

- Apego - Tu deseo es excepcionalmente fuerte, hasta el punto de que tú sientes emociones negativas debido a ello. Tú te sientes presionado acerca de tu capacidad para lograr tu objetivo. Estás preocupado y temeroso de las consecuencias si no consigues lo que deseas.

- Desinterés - El deseo es lo único que te preocupa. No sientes nada más. Eres incapaz de sentir empatía o simpatía por los sentimientos de los demás porque todo en ti está completamente enfocado en obtener lo que deseas.

Considera, por ejemplo, a un estudiante con el deseo de obtener buenas calificaciones.

Los sentimientos de apego pueden hacer que el estudiante se preocupe sin cesar por los resultados de las pruebas que comienza a sufrir de ataques de nervios e insomnio. Por otro lado, un estudiante con el mismo deseo puede usar el desapego como mecanismo de afrontamiento. En este caso, el estudiante dedica su tiempo a estudiar hasta el punto de excluir todo lo demás, como comer y dormir regularmente o tratar a sus seres queridos con indiferencia.

El deseo y el desapego son obviamente dos cosas diferentes, pero se pueden experimentar al mismo tiempo. En última instancia, es el no apego al que debes aspirar si deseas que se cumplan tus deseos.

Los sentimientos de no apego te liberan de pensamientos y emociones negativas y al mismo tiempo te motivan a hacer y pensar mejor para lograr tu meta.

Los Beneficios de Planificar para la Abundancia Financiera

En este momento, algunos de ustedes pueden sentirse convencidos de que saben todo lo que hay que hacer para tener la mejor actitud y mentalidad para disfrutar de la abundancia financiera. Eso está muy bien, pero hay que tener en cuenta que la abundancia financiera también requiere acciones inteligentes, estratégicas, prácticas y tangibles. Ahí es cuando llega la etapa de planificación.

6 Pasos Clave para Crear un Plan de Abundancia Financiera

La planificación es un proceso que requiere tiempo para crear, completarse y perfeccionarse. Tómate tu tiempo para idear el mejor plan. Los cambios serán más difíciles y más costosos de implementar si los realizas después de que se hayan finalizado los planes.

Paso 1: Aumento del flujo de caja

El primer objetivo en el que debe centrarse tu plan es aumentar tu flujo de caja. Puede que no signifique más ganancias, ingresos o ventas, pero sí significa tener más flexibilidad financiera. Otra manera de aumentar tu flujo de efectivo es simplemente reducir los costos. Con más dinero en efectivo a la mano, tú también te das un mejor apalancamiento para resolver el problema, crisis financieras repentinas y aprovechar las oportunidades de ganar dinero.

Paso 2: Inversión en salud y seguros

Los problemas de salud son una de las mayores fuentes de gastos, así que asegúrate de salvarte de futuros dolores de cabeza invirtiendo en planes de salud y seguros ahora. Hablando de seguros, también es mejor asegurar la mayor parte - o mejor aún todo - que tu tienes que es de valor y vale la pena proteger. Considera la posibilidad de invertir en un seguro de vida que también tenga un pago razonablemente bueno.

Paso 3: Gestión de la deuda y eliminación

Es hora de dejar de retrasar lo inevitable. Hoy en día, las deudas rara vez se amortizan. La mayoría de las veces, no hay manera de escapar de ellos, así que lo mejor es abrocharse el cinturón y averiguar qué deudas son las más apremiantes y cuáles merecen otra ronda de negociación con tus respectivos acreedores. Por supuesto, esto no quiere decir que la deuda siempre sea algo malo.

La deuda puede significar una mayor entrada de efectivo y la posibilidad de permitirte oportunidades de inversión poco frecuentes. Sólo asegúrate de pedir prestado sólo lo que necesitas o al menos lo que puedas pagar.

Paso 4: Aumento de los ahorros

Sin duda, esto no necesita más explicaciones. Los ahorros son probablemente la manera más segura de salvaguardar tu jubilación y tu futuro en general. Sólo ten en cuenta que los ahorros pueden venir en varias formas; ¡así que escoje sabiamente!

Paso 5: Inversiones

El ingreso pasivo es siempre esencial en cualquier plan para lograr la abundancia financiera. Las inversiones son sin duda una de las fuentes más lucrativas de ingresos pasivos, pero también pueden ser una de las más arriesgadas. Asegúrate de pisar con cuidado al elegir la inversión con la que va a confiar tu dinero ganado con tanto esfuerzo.

Paso 6: Planificación patrimonial

Por último, nunca es demasiado tarde para empezar a planificar lo que le sucederá a tu patrimonio si por alguna razón no estás en condiciones de administrarlo.

Escribir tu propio testamento y asegurarte de que sea hermético y legal es algo que puedes hacer por tu cuenta, por supuesto, pero sólo si estás dispuesto a tomarte el tiempo para estudiar todos los pormenores de la planificación patrimonial.

Los pasos anteriores son claramente más fáciles de decir que de hacer, pero allanarán el camino hacia la abundancia financiera si te comprometes con tu propio plan!!!

Visita nuestra página de autores en Amazon! ¡Y consigue más MENTES LIBRES!

http://amazon.com/author/menteslibres

Si lo deseas, puedes dejar tu comentario sobre este libro haciendo clic en el siguiente enlace para que podamos seguir creciendo! ¡Muchas gracias por tu compra!

https://www.amazon.com/dp/B082FM87V7

www.ingramcontent.com/pod-product-compliance
Lightning Source LLC
Chambersburg PA
CBHW070828220526
45466CB00002B/773